가짜 뉴스

넘쳐나는 정보 속에 **진짜**를 알아보는 법!

KILLER UNDERWEAR INVASION

Copyright © 2022 by Elise Gravel.
All rights reserved. No part of this book
may be reproduced in any form without written permission from the publisher.
First published in English by Chronicle Books LLC, San Francisco, California.
Korean translation copyright © 2023 by BOOK21 PUBLISHING GROUP
Korean translation rights arranged with CHRONICLE BOOKS LLC through EYA Co.,Ltd

이 책의 한국어판 저작권은 EYA Co.,Ltd를 통해
CHRONICLE BOOKS LLC와 독점 계약한 (주)북21에서 소유합니다.
저작권법에 의하여 한국 내에서 보호를 받는 저작물이므로 무단 전재 및 복제를 금합니다.

가짜 뉴스

뉴스 속보
넘쳐나는 정보 속에 진짜를 알아보는 법!

엘리즈 그라벨 지음 | 노지양 옮김

1835년 **<뉴욕 선>**이라는 신문에는 달에서 유니콘과 박쥐 인간, 그리고 다리가 두 개뿐인 비버가 발견됐다는 특집 기사가 몇 차례나 실렸어.

이 뉴스는 진짜일까, 가짜일까?

정답: 가짜. (돌린 사진을 맞혔지?)

통신 기술이 발달해 가짜 정보들이 더 빨리, 더 넓게 퍼지게 됐고.

가짜 뉴스를 봄

세상에, 이런 일이!

주변에 알림

친구들에게 빨리 알려 줘야겠어!

틱! 탁! 톡!

안타깝게도 여럿이 가짜 뉴스를 믿게 됨

어떡해!

무서워.

나 이사 갈래!

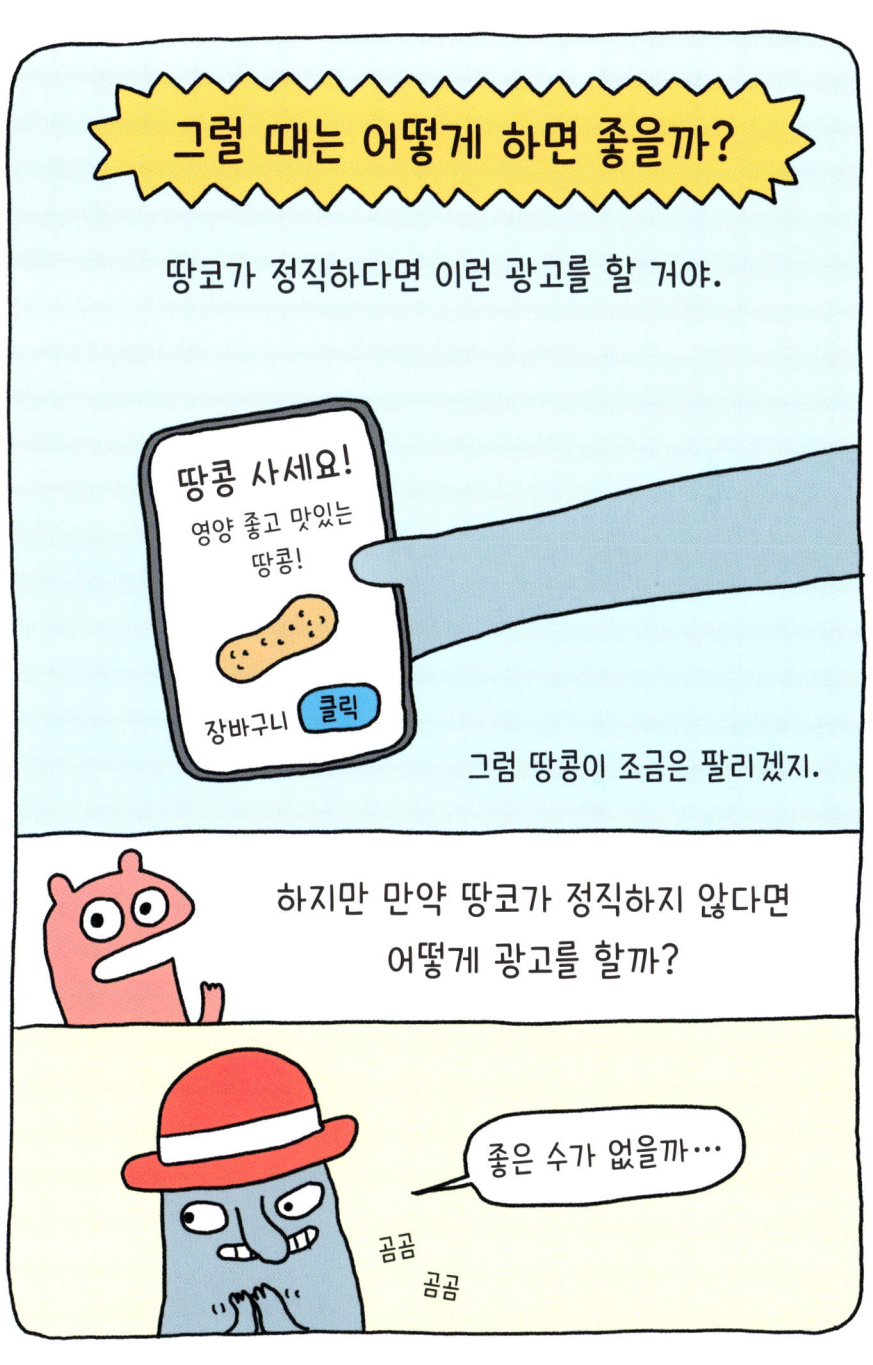

땅코는 땅콩을 꼭 사고 싶게 만드는 이야기를 **지어낼 거야.**

이 광고를 믿은 소비자들은
땅콩을 한꺼번에 많이 사겠지.

이유 2 : **돈**도 벌고 **유명**해지고 싶어서

뽈라는 인터넷 사이트를 운영해. 여러 회사가 이 사이트에 돈을 내고 자기네 상품을 **광고**하지.

이렇게 **터무니없는 제목**은 호기심을 자극해.
그래서 다들 자기도 모르게 클릭하지.

 이런 자극적인 제목의 글을 **낚시성 글**이라고 해. 미끼를 단 낚싯대를 물속에 드리워 물고기를 잡듯이, 많은 이들의 호기심을 **낚는** 거지.

말하자면, 우리는 이 물고기처럼 속았다는 뜻이야.

이유 ③ : **신념**과 **생각**을 퍼트리기 위해서

이유 ④ : 권력을 얻기 위해서

정치인들은 경쟁자를 나쁘게 보이게 만들려고 종종 가짜 뉴스를 지어내.

시장 선거에 사이 나쁜 둘이 출마했어.

후보 1: 진짜진   후보 2: 짜진짜

짜진짜 후보는 강아지 꼬집기가 취미입니다. 제가 똑똑히 봤습니다!

뭐라고요? 난 안 꼬집었어요!

이 두 후보는 앞으로도 종종 등장할 거니까 잘 기억하는 게 좋을 거야. 참고로 진실을 밝히자면… 짜진짜는 강아지를 꼬집지 않았어.

이유 5 : 소셜 미디어에 정보를 널리 퍼트리려고

소셜 미디어란 틱톡, 트위터, 페이스북처럼
전 세계인과 소통할 수 있는 인터넷 플랫폼이야.
보통 소셜 미디어에서 자극적인 가짜 뉴스를 접하면…

흥분하여 반응을 하지.

가짜 뉴스에 반응하는 이들이 많을수록,
그 글은 조회 수가 늘고 널리 퍼져 나가.
가짜 뉴스를 많이 공유할수록 구독자들은 어떻게 될까?

하루 종일
그 소셜 미디어에 빠져 있게 돼.

이 동영상에서는 짜진짜의 아버지가 악어라고 하네. 게다가 토성에서 태어났다니!

아니, 짜진짜가 이미 10년 전에 죽었는데 살아 있는 척하는 거라고?

알면 알수록 기가 막힐 노릇이군!

소셜 미디어 기업들은 이용자들이
자기 회사의 미디어를 오랜 시간 사용할수록 좋아해.
소셜 미디어를 오래 보면, **광고**도 보게 되고,
자기도 모르게 광고를 **클릭**하게 되니까.
그러면 그 소셜 미디어 기업은 **돈**을 더 많이 벌 수 있지!

만약 우리 몸에 해로울 수도 있는 상품을 광고하면 어떻게 될까?

모든 질병과 통증을 고쳐 줍니다! 매일 **샴푸** 한 숟가락씩 마셔 보세요!

지금 샴푸 사러 가기

(절대 따라 하면 안 돼!)

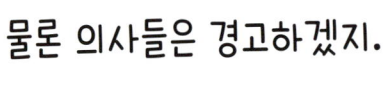

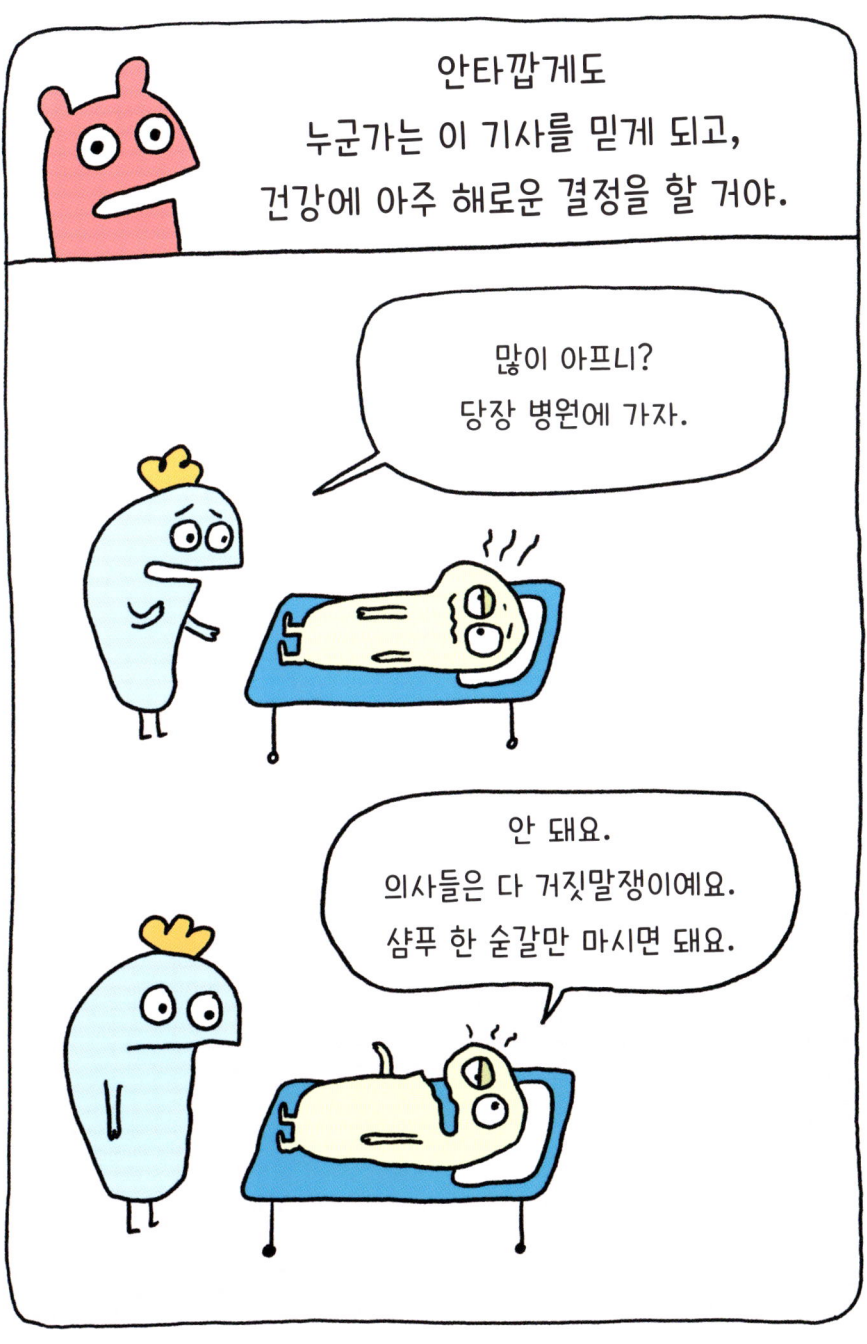

다른 예를 들어 볼까? 바다에 오염 물질을 흘려보내는 공장이 있다면 어떻게 될까?
나쁜 사장
바다에 버리면 안 돼요!
수질 오염을 책임져요!

무슨 소리야! 오염 물질을 깨끗하게 만들려면 돈이 많이 들잖아!!
가짜 전문가한테 돈을 주고, 유리한 글을 써 달라고 해야지!

이 정도면 되겠죠?
깜짝 뉴스
환경 전문가들, 지구에 환경 오염은 없다고 말해…
완벽해요.

전문가들이 그러는데, 환경 오염 걱정 안 해도 된대. 환경이 오염됐다는 건 그냥 겁주려고 지어낸 이야기였대.
휴, 다행이다!
환경 문제만 생각하면 걱정돼서 답답했거든.

진짜 전문가와 **진짜** 과학자의 말을 안 믿으면 어떻게 될까…?

정신 차려요! 환경 오염은 사실이에요! 지구가 병을 앓고 있다고요!

안 들린다, 안 들려!

어리석은 판단을 내리게 되겠지.

쓰레기 함부로 버리지 마!

새로 나온 뉴스 못 봤어? 환경 오염 같은 건 없대.

어리석은 판단은 우리의 **건강과 안전**을 해칠 수 있어.

샴푸는 만병통치약!

와! 샴푸를 잔뜩 사 둬야겠군.

환경도 점점 안 좋아질 거고…

이제 알겠지?
가짜 뉴스는 모두에게 나빠.

강아지를 아프게 꼬집는 짜진짜를 혼내 주자!
다들 왜 그래요? 난 강아지 괴롭힌 적 한 번도 없다고요!

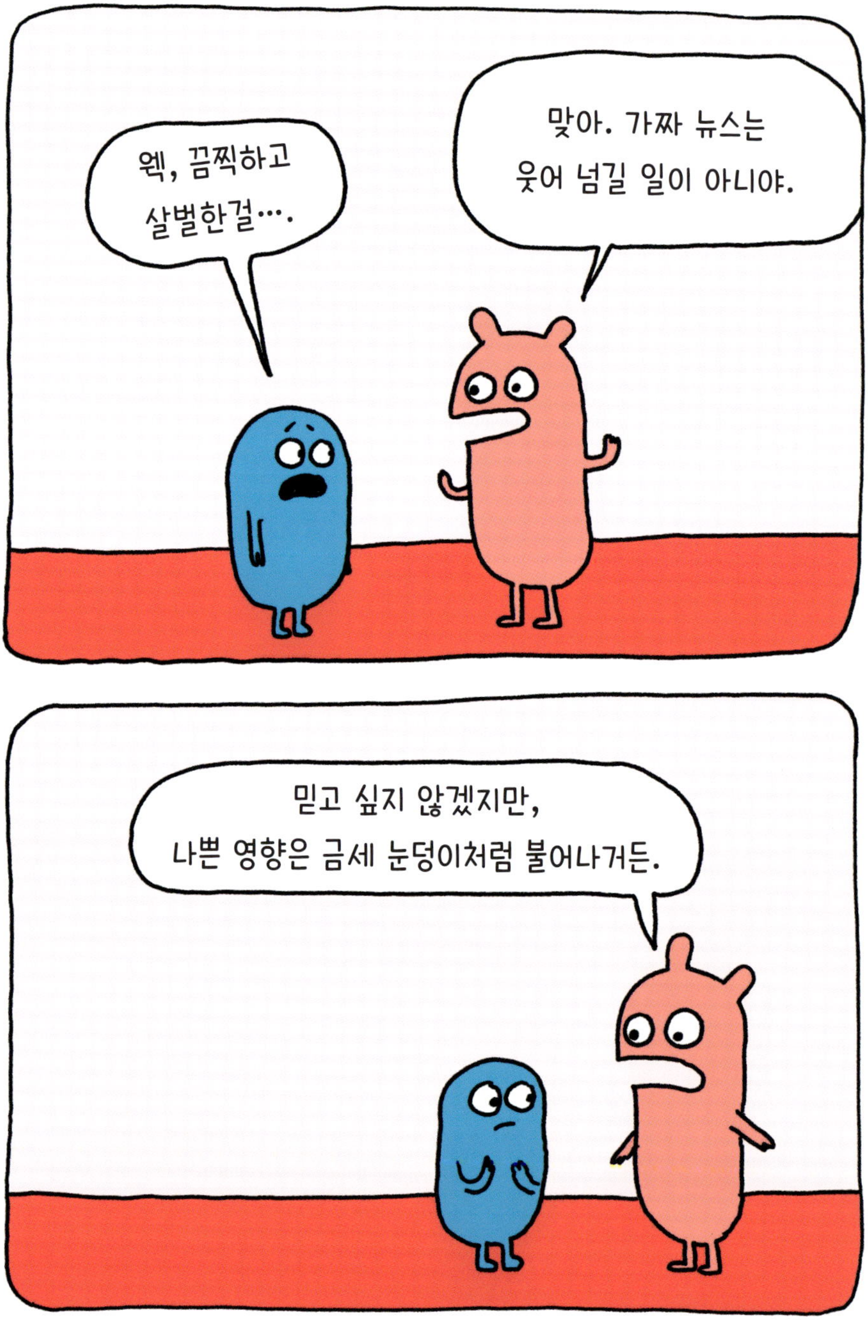

"웩, 끔찍하고 살벌한걸…."

"맞아. 가짜 뉴스는 웃어 넘길 일이 아니야."

"믿고 싶지 않겠지만, 나쁜 영향은 금세 눈덩이처럼 불어나거든."

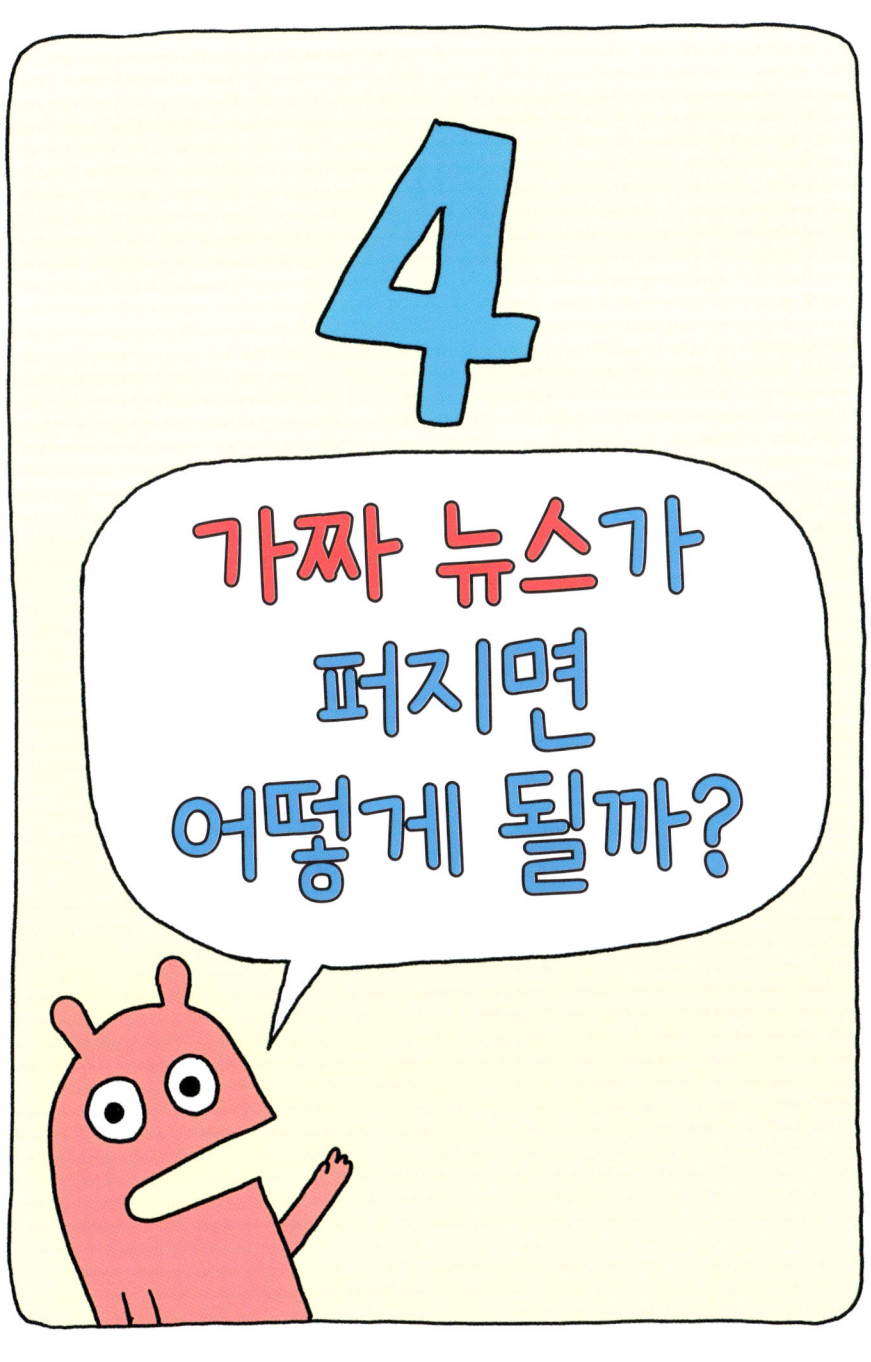

처음에는 가짜 뉴스가 별거 아닌 걸로 보일 거야. 아무도 진지하게 듣지 않으니까.

하수관을 타고 내려온 전갈 떼가 화장실을 습격하다!

하지만 누군가 가짜 뉴스를 믿고 주변에 거짓 정보를 열심히 퍼트리기 시작한다면…

안 돼!!! 내 친구한테 알려 줘야지!

탁!

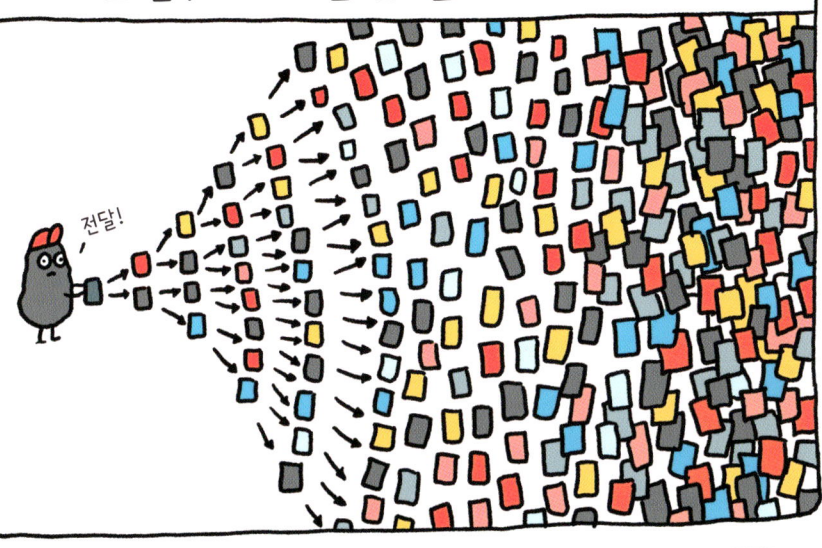

심지어 가짜 뉴스에
자기만의 상상을 덧붙이기도 하지.

전갈이 갑자기 우리 집 변기에서 확 튀어나오면 어쩌지?

전갈이 돌아다니다가 우리 강아지를 물어 버릴지도 몰라.

안 돼!

정말 어이없네!
우리가 뭘 잘못했다고 괴롭히는 거야?

그런데 그 **로봇 전갈**은 누가 보낸 걸까?

글쎄, 생각을 좀 해 보자….

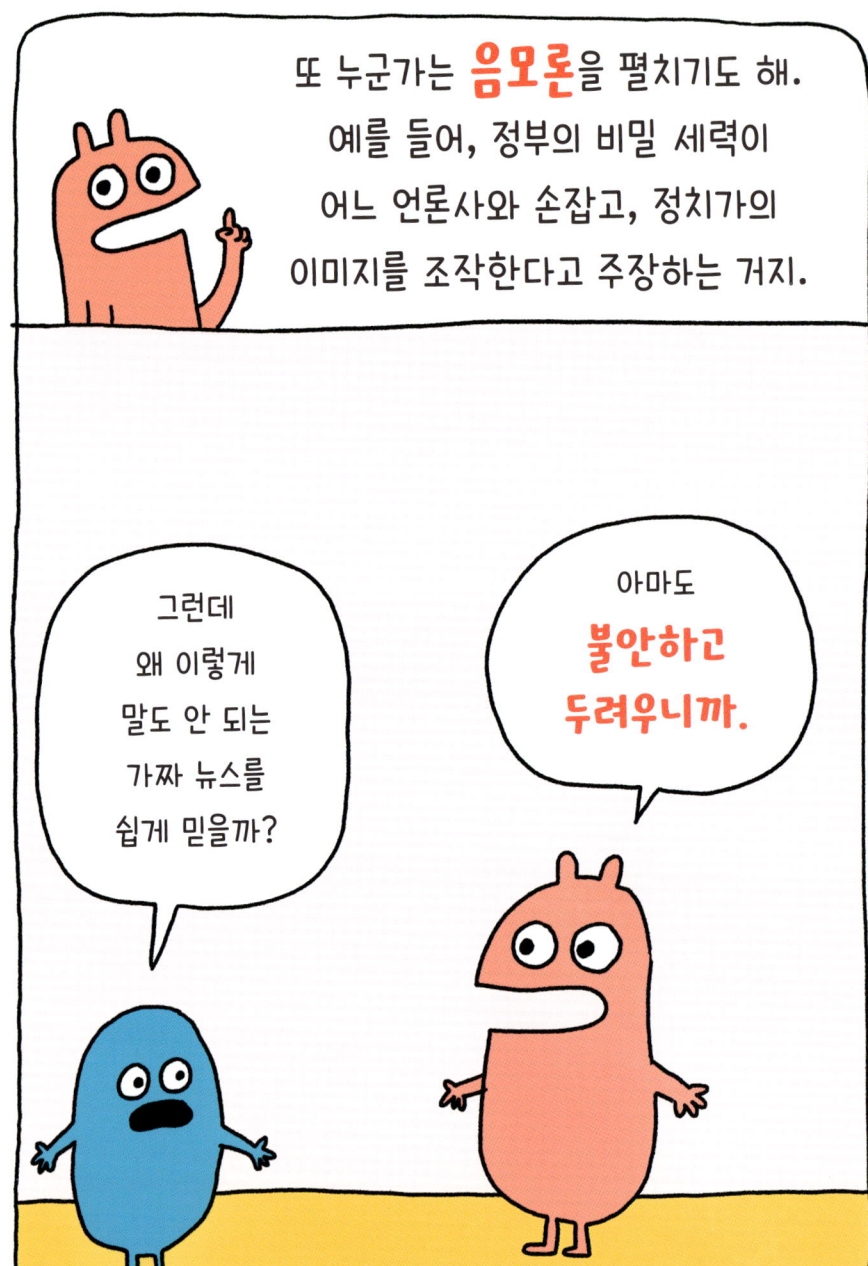

5

가짜 뉴스를 왜 믿을까?

이때 누군가 어렵고 복잡한 문제를 풀 수 있는
쉽고 간단한 방법이 있다고 나선다면…

이 모든 사건의 배후에는
의사들이 있다!

그 말을 믿고 싶을 거야.
우리는 스스로를 안전하게 지키고 싶으니까.

앞으로 절대
의사에게 진찰받지 않겠어.
내 몸은 내가 지켜야 해!

어떤 가짜 뉴스는 **실제 경험**과 어우러져 더욱 생생하게 느껴져.

지난번에 병원에서 주사를 맞았는데, 그 뒤로 어깨가 얼마나 아팠는지 몰라.

이제 난 의사를 안 믿기로 했어!

전부터 갖고 있었던 감정이나 신념과 일치하는 이야기를 믿고 싶어 하는…

게다가 가짜 뉴스를 여러 번 **반복**해서 들으면, 반박하기가 어려워져. 예를 들어 볼까?

…아마 생각이 조금씩 바뀌게 될 거야.

더 혼란스러운 건, 뉴스에서 아무리 사실을 보도해도 입을 모아 가짜 뉴스라고 외치는 이들이 있다는 거야.

많은 정치인은 자기에게 이롭지 않은 뉴스가 나오면 가짜 뉴스라고 주장하기도 해.

왕정치 씨, 골프장에서 1억 원을 썼다는 진실일보의 보도가 사실입니까? 왜 그렇게 큰돈을 골프장에서 썼습니까?

6

진짜 뉴스와 **가짜 뉴스를** 어떻게 구별할까?

일단, 처음엔 무엇이든 **아닐지도 모른다**고 의심하는 자세가 가장 중요해. 우리는 보통 어떻게 정보를 얻게 될까?

① 친구가 알려 준 이야기

② 유명인이나 정치인의 주장

③ 내 주변 많은 사람이 믿는 이야기

④ 그럴듯하게 들리는 이야기

⑤ 전문가의 의견

⑥ 어른들이 믿고 따르는 이야기

이렇게 퍼지는 모든 말들이 진실은 아니야. 하지만 그렇다고, 무조건 가짜 뉴스라는 뜻도 아니지.

②단계 : 정보의 출처(근거) 확인하기

정보를 어디에서 읽거나 들었어?

공포의 팬티 군단이 나타났대!

어디에서 들었어?

틱톡에서!

출처가 믿을 만한 곳이야?

누구나 글을 올릴 수 있는 소셜 미디어에는 사실과 거짓이 섞여 있는 경우가 많아.

"믿을 수 있는 곳에서 정보를 얻는 게 중요하구나!"

"그런데 **미디어**가 뭐야?"

"스마트폰으로 영상을 보고, TV로 뉴스를 본 적 있지? 정보를 전달하는 모든 도구가 미디어야."

텔레비전
라디오
신문
잡지
태블릿 PC
컴퓨터

신문사와 방송국 같은 언론사는 정식으로 고용된 **기자**가 취재를 한 뒤, 정확한 뉴스를 전해.

언론사에 속한 기자들은 정보가 사실인지 아닌지 확인하기 위해 여러 가지 일을 하지.

기자는 어떤 일을 할까?

뉴스와 관련된 사람들을 **인터뷰**하면서 사실 정보를 수집해.

관련된 **자료**들을 샅샅이 찾아보며, 정보가 사실인지 아닌지 확인해.

기자의 임무는 **정확한 정보**를 알리는 거야.

오늘의 뉴스입니다!
제가 만약 틀린 정보를 보도하면 일자리를 잃을 수가 있어요.

일반적으로 말하자면,
믿을 수 있는 언론사에 정식으로 속한 기자는
사실을 말하고 있다고
볼 수 있지.

③ 단계: 같은 정보를 여러 곳에서 전하고 있는지 찾아보기

 언론사에 자기 의견을 내는 직업도 있어.

칼럼니스트는 신문이나 잡지에 글을 써서 자신의 의견과 주장을 제시해.

시사평론가는 신문이나 텔레비전 같은 미디어에서 정치·사회 전반에 대한 자신의 의견을 발표하지.

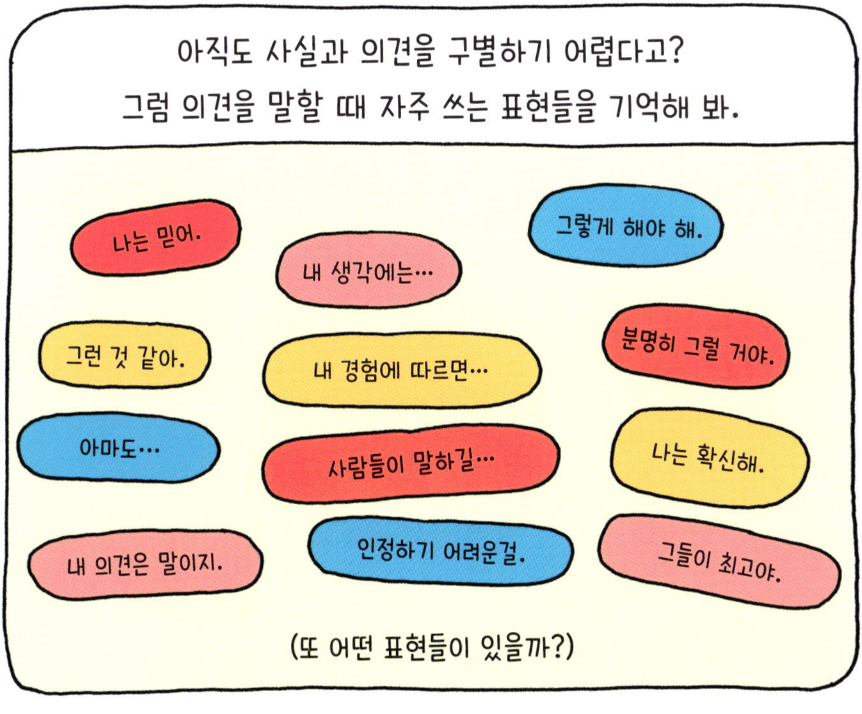

그리고 꼭 기억해야 할 게 있어!
믿을 수 있는 언론사도 **확증 편향**이 있을 수 있어.

방송국 A

진짜진 후보를 좋아한다.
그래서 짜진짜 후보가 안 좋게 보이는 뉴스만 골라서 보도한다.

짜진짜 후보가 오늘 코딱지를 팠다고 합니다.

방송국 B

짜진짜 후보를 좋아한다.
그래서 진짜진 후보의 나쁜 모습을 전달하는 뉴스만 내보낸다.

진짜진 후보가 오늘 기자 간담회에서 방귀를 뀌었다고 합니다.

❺ 단계: 풍자 뉴스인지 확인하기

너무 웃기고 황당한 뉴스는 풍자 뉴스일 수 있어. **풍자 뉴스**는 진짜 뉴스를 모방해서 누군가를 비웃으며 공격하는 뉴스야. **풍자**는 남의 결점을 비웃으면서 폭로하고 공격한다는 뜻이거든. 풍자 뉴스는 진실이 아닌데 의도적으로 진실처럼 꾸미는 가짜 뉴스와는 달라.

정치인이나 연예인, 또는 어떤 사회 현상을 조롱하며 비판하고 싶을 때, 이야기를 과장하거나 지어서 내보내는 거지. 풍자 뉴스는 시청자를 웃기면서도 한 번 더 생각하게 만들어.

 풍자 뉴스는 보통 풍자 뉴스만을 전문적으로 다루는 미디어에서 볼 수 있어.

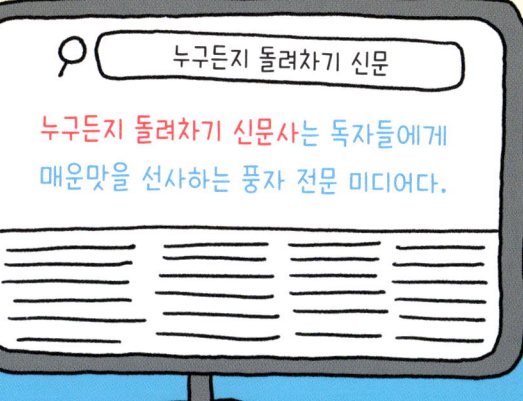

누가 말했는지 확인하면 풍자 뉴스인지 아닌지 알 거야.

6단계: 뉴스를 통해 누가 이익을 얻는지 생각해 보기

땅콩 먹으면 근육이 불끈불끈 솟아올라요.

땅코는 땅콩을 많이 팔아야 돈을 벌어.

공포의 팬티 군단이 나타났대요!

울라는 본인이 쓴 책을 팔고 싶어 해.

운동선수가 거북과 결혼한대요.

뽈라는 자신이 운영하는 인터넷 사이트에 방문자가 늘어나길 바라.

"환경오염 같은 건 없어요."

공장 사장은 폐수를 깨끗이 하는 데
돈을 들이고 싶지 않아 해.

"짜진짜 후보는 강아지를 꼬집습니다."

진짜진은 표를 많이 받아 당선되고 싶어 하지.

"나는 우리나라 대통령!
팬티를 지키는 대통령!"

웃겨박의 목적은 구독자 수를 늘리는 거고.

누군가 이익을 얻는다고 해서, 그 뉴스가 반드시
가짜라는 뜻은 아니야. 하지만 **그럴 수도 있다**는 걸 기억해!

단계: 언론사 수준을 따져 보기

믿을 만한 언론사는 보통 **맞춤법과 문법**에 신경을 써.

만약 어떤 기사에 틀린 글자가 너무 많다면, 수준 높은 글이 아니야.

아팟트 싱크데에서 전갈 떄 발견!!

전갈 조쉼!!

전갈 습격 사껀 제보 바람!

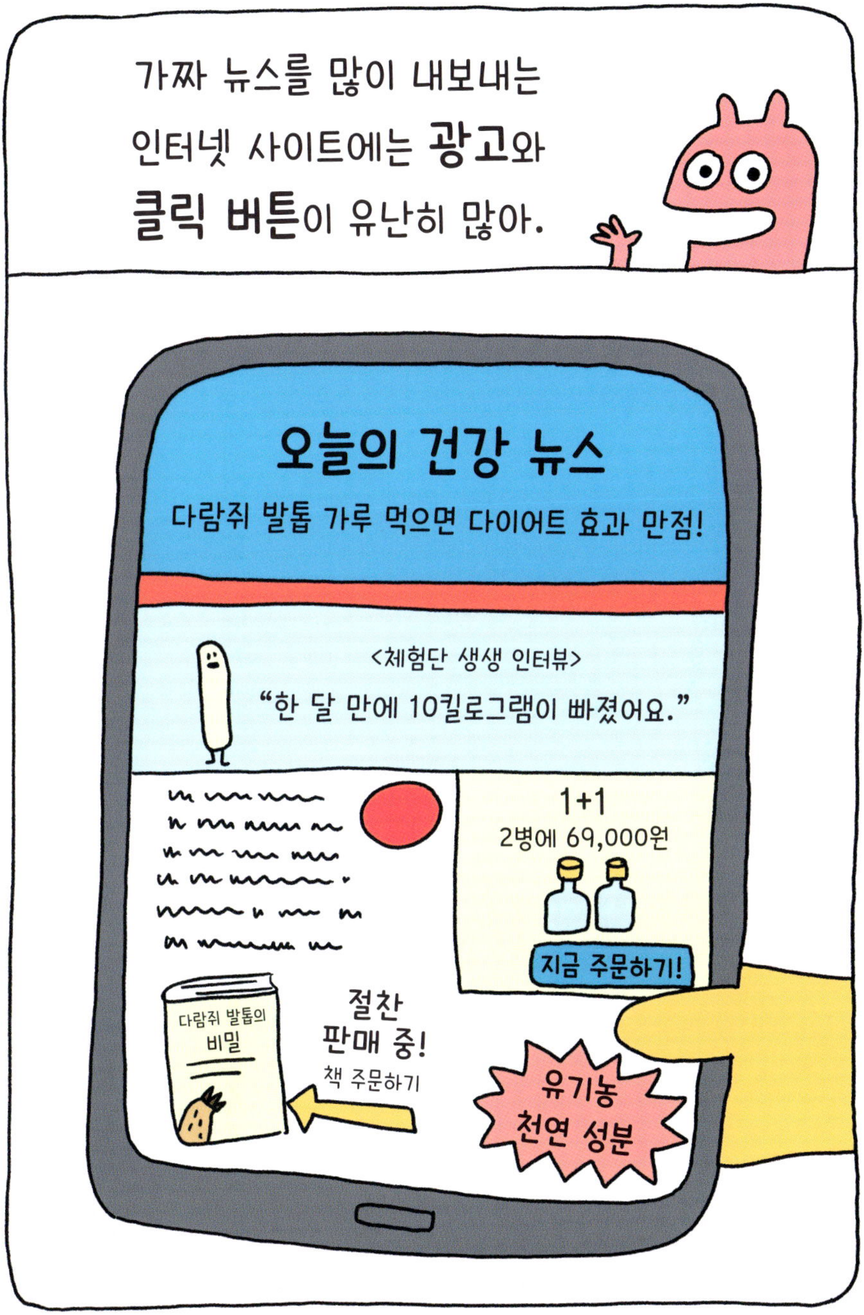

가짜 뉴스를 많이 내보내는 인터넷 사이트에는 **광고**와 **클릭 버튼**이 유난히 많아.

오늘의 건강 뉴스

다람쥐 발톱 가루 먹으면 다이어트 효과 만점!

<체험단 생생 인터뷰>
"한 달 만에 10킬로그램이 빠졌어요."

1+1
2병에 69,000원
지금 주문하기!

다람쥐 발톱의 비밀
절찬 판매 중!
책 주문하기

유기농 천연 성분

8 단계: 기사 제목만 보고 성급하게 판단하지 말기

하지만 자세히 읽어 보면, 제목과 다른 내용일 수도 있어.

9 단계: 감정 조절하기

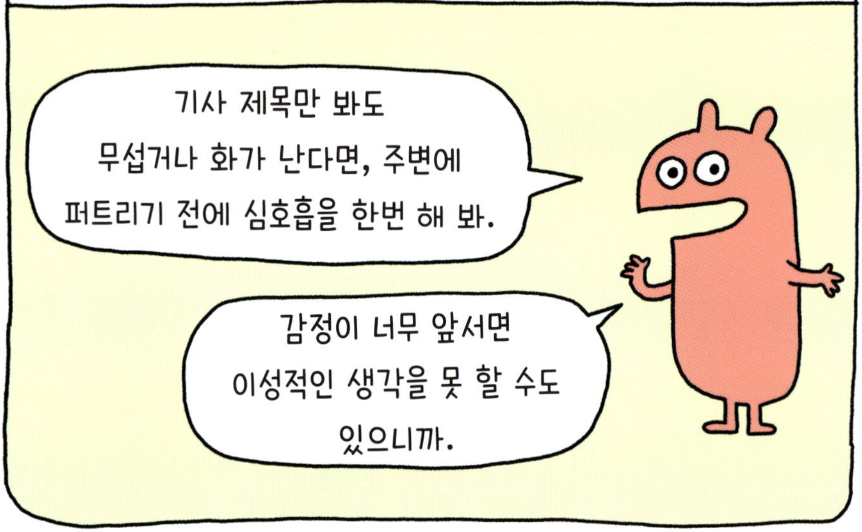

기사 제목만 봐도 무섭거나 화가 난다면, 주변에 퍼트리기 전에 심호흡을 한번 해 봐.

감정이 너무 앞서면 이성적인 생각을 못 할 수도 있으니까.

⑩ 단계: 누구를 믿을지 신중히 판단하기

 일반적으로 이들의 말은 믿어도 좋아.

① 기자와 전문가

보통 출처를 밝혀 말하거든.
출처를 밝힌다는 건, 실제로 조사를 했다는 뜻이기도 하지.

기사 한 편 쓰면서 읽은 책들입니다.

② 과학자

한 분야를 오래 깊이 공부했잖아. 연구와 실험의 전문가들이고.

전문가와 과학자 대다수가 같은 의견이라면,
이들의 말이 옳을 가능성이 높아.

전 세계 대부분의 과학자가
기후 변화는 지구가 마주한 현실이고,
인간이 초래했다고 믿습니다.

휴, 누구를 믿어야 할지
판단하기 쉽지 않네.

처음에는 어려울 거야.
하지만 이제 뉴스 기사를 볼 때,

앞서 정리한 **1~10단계**를 떠올려 봐!
시간이 지나면 익숙해질 거야.

지은이 엘리즈 그라벨

작가이자 일러스트레이터입니다. 그래픽 디자인 공부를 마치고, 화려한 삽화의 세계로 빠져들었습니다. 그림 속에 글을 더하면서 점차 자신만의 책을 만들기 시작했습니다. 《벌레 팬클럽 (The Bug Club)》, 《난민 친구가 왔어요 (What Is A Refugee?)》 등 아이들을 위한 책 여러 권을 지었습니다.

옮긴이 노지양

연세대학교 영어영문학과를 졸업하고 라디오 방송 작가로 활동하다 번역가가 되었습니다. 《동의》, 《걱정 덜어내는 책》, 《메리는 입고 싶은 옷을 입어요》, 《누가 진짜 엄마야》, 《나쁜 페미니스트》 등 90여 권의 책을 우리말로 옮겼고, 에세이 《먹고사는 게 전부가 아닌 날도 있어서》, 《오늘의 리듬》, 《우리는 아름답게 어긋나지》(공저)를 썼습니다.

감수 전국 미디어리터러시 교사협회(카톰 KATOM)

미디어리터러시 교육을 연구하고 실천하는 전국 초중고 교사들의 네트워크입니다. 미디어리터러시 교육을 통해, 학생들의 학교 안팎의 삶을 연계한 의미 있는 교육을 꿈꿉니다. 미디어리터러시 수업과 교육과정, 정책에 대한 실천적·학술적 논의를 적극적으로 하고 있습니다.

*정답: 없음. (모두 가짜 뉴스!)

가짜 뉴스
넘쳐나는 정보 속에 **진짜**를 알아보는 법!

지은이 엘리즈 그라벨
옮긴이 노지양
감수 전국 미디어리터러시 교사협회

1판 1쇄 발행 2023년 3월 15일
1판 5쇄 발행 2025년 9월 5일

펴낸이 김영곤
TF1팀 김종민 신지예 **마케팅** 정성은 김지선
디자인 김단아
영업 정지은 한충희 장철용 강경남 황성진 김도연 이민재
해외기획 최연순 소은선 홍희정 **제작** 이영민 권경민

펴낸곳 (주)북이십일 아울북
출판등록 2000년 5월 6일 제406-2003-061호
주소 (우 10881) 경기도 파주시 회동길 201(문발동)
대표전화 031-955-2100 **팩스** 031-955-2177
홈페이지 www.book21.com

ISBN 978-89-509-3646-4 73330
* 책값은 뒤표지에 있습니다.
* 잘못 만들어진 책은 구입하신 서점에서 교환해 드립니다.
* 이 책 내용의 일부 또는 전부를 재사용하시려면 반드시 ㈜북이십일의 동의를 얻어야 합니다.

• 제조연월: 2025. 9. 5. • 제조자명: ㈜북이십일
• 주소 및 전화번호: 경기도 파주시 회동길 201(문발동) / 031-955-2100
• 제조국명: 대한민국 • 사용연령: 5세 이상 어린이 제품

스스로 생각하고 판단하는 힘을 길러주는 나를 지키는 괜찮은 생각

64쪽 | 15,900원
레이첼 브라이언 지음
노지양 옮김

"흥미진진한 온라인 세계에서 온전히 나를 지킬 수 있을까?"

1. 동의
레이첼 브라이언 지음
노지양 옮김

2. 걱정 덜어내는 책
레이첼 브라이언 지음
노지양 옮김

3. 가짜 뉴스
엘리즈 그라벨 지음
노지양 옮김

4. 철학 안경
스가하라 요시코 외 지음
오지은 옮김

5. 양자물리학으로 풍덩!
로베르트 뢰브 지음
유영미 옮김

6. 이건 불공평해!
아사타 프라우함머 지음
심연희 옮김

7. 스크린 타임
레이첼 브라이언 지음
노지양 옮김

8. 거짓말은 정말 나쁜 걸까?
요하네스 포크트 지음
펠리치타스 호르스트셰퍼 지음
유영미 옮김

- 서울대 교수진 강력 추천
- 어린이 철학교육연구소 선정도서
- 현직 초등교사 50인 평점 4.84
- 어린이 사전평가단 평점 4.94

나를 지키는 괜찮은 생각,
더 알아보고 싶다면?

※ 본 도서의 종이책은 교보문고·예스24·알라딘, 전자책은 밀리의서재·리디북스에서 만나요!